AF226810

PAUL HUGOUNET

FROESCHWILLER

1870-1883

PARIS

UNION GÉNÉRALE DE LA LIBRAIRIE

Charles BAYLE & Cⁱᵉ

11 ET 10, RUE DE L'ABBAYE, 11 ET 10

M DCCC LXXXIII

A

FROESCHWILLER

PAUL HUGOUNET

A

FROESCHWILLER

1870 - 1883

PARIS

UNION GÉNÉRALE DE LA LIBRAIRIE

Charles BAYLE & Cⁱᵉ

11 ET 10, RUE DE L'ABBAYE, 11 ET 10

M DCCC LXXXIII

A *M. Jacob KELLER, à Landau.*

A

FROESCHWILLER

D'ailleurs écoutez bien cette histoire maudite.
Et que si quelques-uns vous l'ont déjà redite,
Si déjà vous l'avez entendue et souvent,
Tant mieux ! Clou martelé n'entre que plus avant !

P. Deroulède.

Partis de grand matin de l'hôtel de la Chaine, M. Setler et moi nous arrivions de Niederbronn, curieux de visiter le théâtre où s'était joué le premier acte de cette horrible tragédie qu'on nomme la guerre de France. Nous venions de voir le funèbre triangle que forment Frœschwiller, Wœrth et Reischoffen, et là nous avions trouvé un officier allemand, le major Billing, qui, lui aussi, parcourait le champ de bataille et étudiait la campagne au point de vue stratégique.

Montés alors tous trois sur les hauteurs d'Elsashausen, nous rassemblions nos souvenirs et reportions notre pensée douze ans en arrière au moment où manœuvraient sur cet échiquier vert ces deux armées qui allaient jouer le sort de deux peuples.

A notre gauche, s'élevait, sur la colline, Frœschwiller, « avec sa maison des turcos, » sa nouvelle église de granit rouge, — *Te Deum* de pierre élevé par la reconnaissance de l'Empereur allemand, — et son cimetière où reposent pêle-mêle Français et Prussiens autour de la tombe du général Maire, tué durant l'action. L'église est belle, quoique un peu lourde, et dresse vers le ciel sa flèche élancée : les Prussiens l'ont dédiée aux morts de la journée du 6 août et nommée *Friedenskirche*,— église de paix.

Quelle ironie ou quelle illusion ! La paix sur le charnier qui crie vengeance ! la paix à deux jours de marche de la frontière ! Et je songeai involontairement aux perturbations étranges et imprévues qu'amèneraient dans les lignes régulières de ce clocher quelques obus de 90, je rêvai la *Rachenkrieg* (1) allumant dans la *Friedenskirche* un incendie semblable à celui qui brûla l'ancien temple de Frœschwiller.

Devant nous, Wœrth, avec ses jardins transformés en cimetières, ses maisons blanches, — qui n'ont point gardé, comme à Forbach, la sinistre empreinte de la lutte, — sa petite fontaine romaine et son hôtel du Cheval-Noir, d'où Chabrillat du *Figaro* et Mapleason du *New York Herald* virent la bataille.

Pius loin des vignes qui couvrent tout un coteau couronné le 6 août par les batteries prussiennes. Ce fut le théâtre d'un des plus sanglants épisodes de la journée, la charge des turcos. Dans ce vignoble, on se battit corps à corps, à l'arme blanche, avec un acharnement sans égal et que doublaient d'une part la rage de la défaite, de l'autre, l'orgueil de la victoire. Nos régiments d'Afrique y firent vaillamment leur devoir, abordant les batteries à la baïonnette, enclouant les canonniers sur leurs pièces et méritant leur surnom de démons noirs. Maintenant la nature a étendu son manteau vert sur cette terre ensanglantée, et il vient là un petit vin qui a un léger goût de pierre à fusil et que boit l'Allemand en chantant la *Wacht am Rhein*.

En face d'Elsashausen, se dresse sur un tertre le monument français, pyramide hexagonale, entourée d'une grille. Sur les faces, que séparent des brèches symétriques décorées d'F dorées et de palmes, sont gravés les noms des régiments qui prirent part à la bataille. L'ensemble est pourtant aussi disgracieux que mal entretenu, et il laisse supposer au touriste que la France oublie ses morts. A cette construction massive et qui, de loin, apparaît comme une ruine quelconque, j'aurais préféré un monolithe supportant, à défaut du *Gloria Victis*, quelque énergique

(1) La guerre de revanche.

buste de turco dans lequel un Mercier ou un Chapu aurait mis toute son âme d'artiste et de Français.

A côté de nous, le *denkmal* des Wurtembergeois tombés à l'assaut d'Elsashausen.

Derrière nous, entouré d'une balustrade, le noyer au feuillage vert sous lequel Mac-Mahon observait le champ de bataille à huit heures du matin. Des Français, — pourquoi ? je ne sais ! — ont acheté l'arbre, et la Prusse victorieuse a élevé à côté l'aigle à deux têtes qui étend ses ailes éployées sur le noyer du Maréchal et semble perpétuer ainsi la défaite d'hier jusqu'au jour où le canon français renversera la colonne insolente et brisera à la fois l'empire proclamé à Versailles et son symbole odieux.

Autant le monument de nos soldats à Wœrth est abandonné, autant la colonne allemande et les quatre victoires adossées à son socle sont entourées de soins ! c'était là une suprême douleur que l'*œuvre des Tombes* aurait dû nous épargner.

Enfin, s'estompant dans la brume du matin, Morsbronn montre sur la droite son clocher aigu, tandis que de l'autre côté de la vallée, Günstett éparpille ses maisons blanches à travers les champs de houblon et les vignes. Morsbronn, c'est le dernier effort, le sacrifice suprême ; et, de même que les noms de la Haie Sainte et du mont Saint-Jean évoquent un souvenir magique, ainsi devant Elsashausen et Morsbronn le cœur saute dans la poitrine comme s'il entendait la charge sonnant à travers le bruit de la mousqueterie, comme si l'on voyait dans une vision grandiose l'escadron étincelant des cuirassiers se ruant sur l'ennemi pour sauver l'honneur.

Erexit patria mœrens, lit-on sur une des faces de l'obélisque en grès rouge qui, surmonté d'un casque et d'une cuirasse faussée, fait revivre ce souvenir et perpétue ce dévouement.

Devant ce panorama, laissant du côté guides et cartes, nous reconstituons les incidents de la lutte et rappelons, sans parti pris et sans haine, les péripéties de cette journée de Wœrth, à laquelle les Français donnèrent à tort le nom de bataille de Reischoffen.

PLAN DE LA BATAILLE DE FRŒSCHWILLER

D'APRÈS UN CROQUIS DU MAJOR BILLING

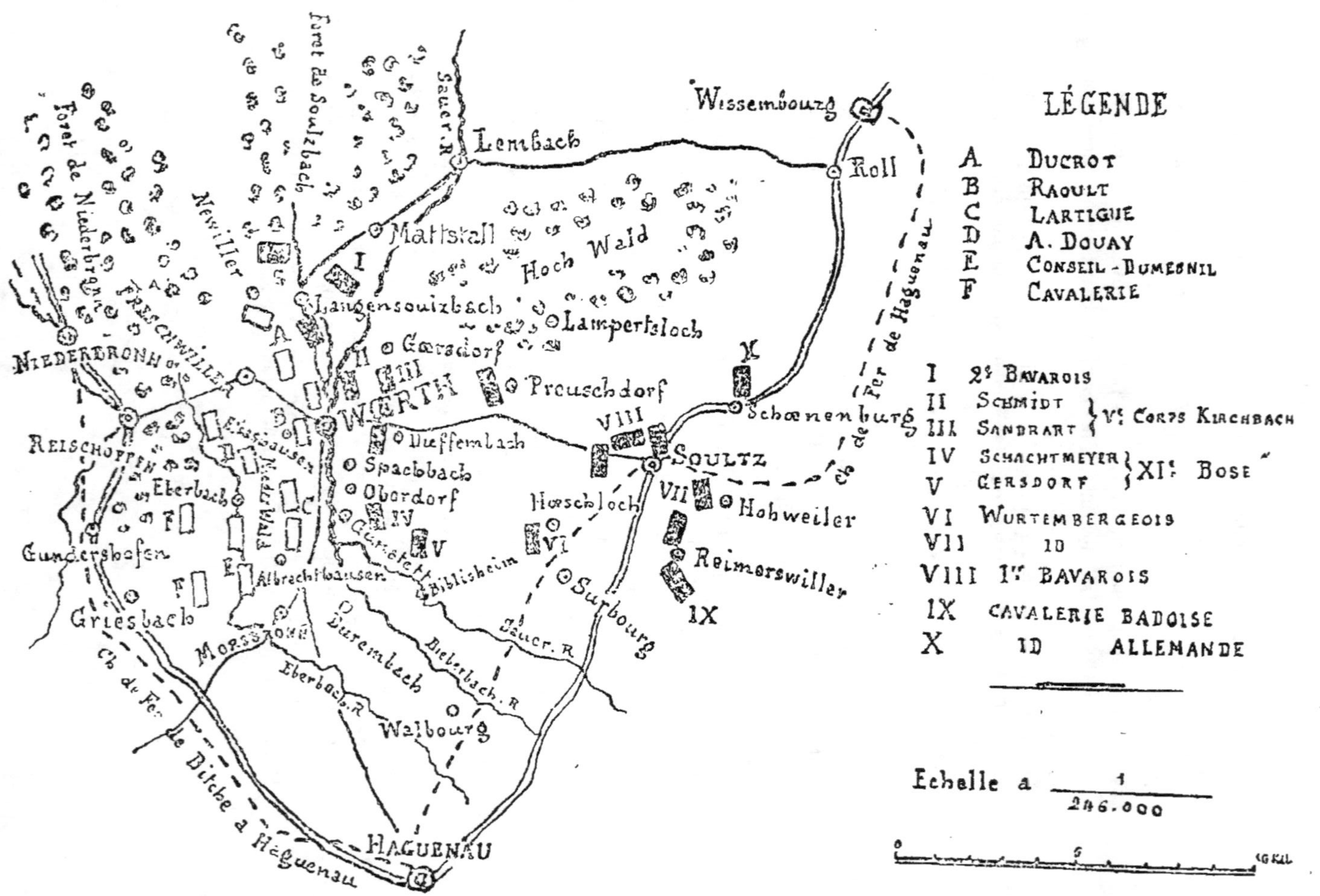

*
* *

Après la bataille de Wissembourg, où vingt mille Allemands avaient écrasé les huit mille Français commandés par Abel Douay, les Prussiens marchèrent sur les Vosges. Le maréchal de Mac-Mahon avait appris le 4 août, à Strasbourg, la première défaite de l'armée impériale : ayant aussitôt délibéré avec le commandant de la place, le général Uhlrich, il comprit qu'il devait chercher à couvrir l'Alsace par Niederbronn et Lichtemberg et partit avec toutes les troupes disponibles, ne laissant qu'un régiment à Strasbourg.

Il avait alors sous ses ordres le Iᵉʳ et le VIIᵉ corps d'armée : sous le commandement du général Ducrot, le Iᵉʳ corps marcha sur Haguénau et la Sauer, tandis que le VIIᵉ était à Belfort avec le général Félix Douay. Mais des trois divisions qui devaient composer ce corps, deux seulement pouvaient entrer en ligne ; la troisième, sous les ordres du général Dumont, était en formation à Lyon et attendait pour se compléter le retour des troupes de Civita-Vecchia.

— La 1ʳᵉ division n'ayant déjà plus de pain, — le maréchal réclama immédiatement des vivres. Il demanda aussi des troupes à Douay, qui lui envoya du 5 au 6 août six mille hommes avec le général Conseil-Dumesnil. C'est le 5 août, après avoir, à huit heures du soir, reçu de Metz la dépêche qui mettait le Vᵉ corps à sa disposition, qu'il télégraphia à Bitche au général de Failly de lui envoyer des troupes. Le général reçut le télégramme à neuf heures du soir et donna ordre à la 3ᵉ division (Guyot de Lespart), campée à l'est de Bitche, de marcher le lendemain sur Wœrth.

Comptant sur les renforts demandés, Mac-Mahon prit, le 4 août au soir, position sur la Sauer et s'établit fortement sur les hauteurs qui dominent Wœrth et la vallée où la Sauer reçoit la Soulzbach. Le maréchal se souvenait peut-être que c'était à cet endroit même qu'Hoche avait vaincu Wurmser et les Autrichiens. Le 5 au matin, le quartier général était au château de Turckheim et la ligne de bataille des Français s'étendait de Frœschwiller à Morsbronn.

— A l'aile gauche, la 1ʳᵉ division, sous les ordres du généra Ducrot, établi sur la Sauer et la Soulzbach, occupait, à droite, Frœschwiller et détachait à gauche deux compagnies à Newiller et Jagerthal sur le grand bois qui est au nord de Reischoffen.

— Au centre la 3ᵉ division, commandée par le général Raoult, avait sa droite à Elsashausen et les hauteurs qui dominent Gœrsdorf, et sa gauche à Frœschwiller.

L'aile droite de l'armée française était formée par la 4ᵉ division, général de Lartigue, campée en face de Günstett, ayant à sa gauche sur le Niederwald en avant d'Eberbach et Albrechthauserhof et sa droite au nord de Morsbronn, qu'on n'avait pu occuper faute de forces suffisantes.

En réserve et derrière cette première ligne étaient la division Conseil-Dumesnil, arrivée le 6 de grand matin, et la division que commandait ce même général Pellé qui, deux jours auparavant, avait dirigé la retraite de Wissembourg, après la mort du général Abel Douay. Enfin, la cavalerie occupait, avec Michel et Nansouty, le Niederwald, et avec Bonnemain, Eberbach.

Dans cette situation, l'armée française tenait les hauteurs qui dominent la vallée de la Sauer et du Soulzbach ainsi que celle où coule l'Eberbach, un peu en arrière d'Elsashausen. Le maréchal, qui espérait en tirer tous les avantages possibles, télégraphia aussitôt à Napoléon qu'il était devant l'ennemi et « *en bonnes positions* ».

Continuant sa marche en avant, la troisième armée prussienne, sous les ordres du prince Royal, secondé par son chef d'état-major, général von Blumenthal, avait passé le 5 de la Lauter aux rives de la Sauer. Le quartier général était à Soulz ; les Bavarois envahissaient le Hochwald, entre Lembersloch et Lembach, le Vᵉ corps s'avançait sur Preuschdorf et Werder était aux environs d'Aschbach C'est dans cette situation que l'on apprit les positions de l'armée française autour de Wœrth et que le dessein d'accepter la bataille fut arrêté. Ce n'était point là le plan de l'état-major allemand, qui avait fixé la bataille pour le 7 août, ainsi qu'il résulte du rapport du général de Hahnke.

Le Vᵉ corps prussien reçut alors l'ordre d'occuper Günstett et le front parallèle à la Sauer, de Gœrsdorf à Dieffenbach pendant que le IIᵉ marchait sur Langensoulzbach, se ralliait par ses avant-postes au Vᵉ au Liebfrauenberg et que Werder et le XIᵉ corps se concentraient à Surbourg et Hohweiller près du quartier général et du chemin de fer pour surveiller la forêt d'Haguenau.

Dès le 5 au soir, le général Kirchbach était arrivé à Günstett et tenait la rive gauche de la Sauer, près de Wœrth.

Telle était la situation respective des armées ennemies au 6 août, et le maréchal de Moltke, visitant en 1871 le champ de bataille, ne put s'empêcher de dire : « Si les Français avaient eu 30,000 à 40,000 hommes de réserve, nous étions infailliblement battus. » Mac-Mahon avait donc raison de dire que ses positions étaient bonnes, mais il aurait dû songer qu'en présence des troupes qui allaient entrer en ligne il ne disposait pas de forces assez nombreuses pour pouvoir les garder.

Il plut toute la nuit et le 6 août au matin une vive fusillade s'engage entre le V⁵ corps et les divisions Raoult et Lartigue ; une attaque est tentée du côté de Gœrsdorf, près du Liebfrauenberg par les Bavarois, et les Allemands, arrivant à Diffembach et à Günstett, canonnent Elsashausen et Frœschwiller pendant que les Westphaliens marchent sur la Sauer.

L'attaque des Bavarois au sortir du Hochwald se prononce ; ils tentent de tourner la gauche de l'armée française, mais ils sont paralysés par un changement de front du général Ducrot devant Nehwiller, et le 78ᵉ de ligne presse les Allemands et les débusque. Une nouvelle attaque leur permet cependant de s'emparer de la Scierie sur la Sauer, mais les Français les repoussent de nouveau et refoulent leur droite jusqu'à Langensoulzbach, à travers un bois de chênes qui compte maintenant autant de croix que de troncs d'arbres et semble quelque vieux cimetière abandonné sur le coteau. La canonnade devient générale de Langensoulzbach à Günstett, et malgré le désir de ne pas engager par trop ses troupes, le général Kirchbach est forcé d'attaquer Wœrth. Le pont sur la Sauer est rétabli sous le feu des Français et le V⁵ corps s'avance à la rencontre de l'aile droite de la 1ʳᵉ division (Ducrot), venue de Frœschwiller pour appuyer la 3ᵉ division (Raoult), pendant que le pont de Bruchmuhle, — que les Français avaient négligé de détruire, — livre passage aux troupes du XIᵉ corps.

Le général Kirchbach est repoussé, délogé de Wœrth par les Français et ramené à Spachbach. Mais au bruit du canon, le général Schachtmeyer, qui allait avec la 21ᵉ division sur Hoesloch, change aussitôt sa direction, marche du côté de Woerth, où il supposait l'armée allemande engagée et arrive renforcer les troupes de Kirchbach.

La 22ᵉ division fait de même avec le général Gersdorff ; de Surbourg, elle marche au canon et arrive au milieu du jour sur le champ de bataille.

Il est midi, et soudain la fusillade cesse un instant : il y a comme un *waffenstillstand* tacite et on sent que le coup décisif va être frappé. On ne peut en effet dire que l'action soit engagée à fond, car la ligne de bataille des Français a été conservée, et, aux ailes comme au centre, les attaques de l'ennemi ont échoué. Seule l'artillerie allemande accable de son feu foudroyant les pièces de 4 que lui oppose Mac-Mahon.

Le général de Lartigue couronne de canons le front d'Albrechthauserhof et les hauteurs d'Elsashausen : il ne peut arrêter Schachtmeyer, et de nouvelles pièces prussiennes viennent anéantir le feu de ses batteries. Il tente alors une première attaque sur Günstett et est repoussé, pendant que le général Bose continue à passer la Sauer avec le XI⁺ corps et que l'approche de la division Gersdorff est signalée.

C'est alors que de Soulz arrive le prince Royal ; appuyé des conseils de Kirchbach et cédant à son caractère naturel, — *der offensivste General den die Deutsche haben* (1), disait le major Billing, — le prince de Prusse ordonne l'assaut de Froeschwiller. A cet effet, il relance Kirchbach et le V⁺ corps sur Woerth et envoie les troupes fraîches qui viennent d'arriver par Bruchmühle et Biblishcim, attaquer le Niederwald par Morsbronn, tandis que lui-même avec le général de Blumenthal se place en face de Woerth sur la colline dite *des peupliers*.

L'attaque des Prussiens sur Woerth est de nouveau repoussée par les Français, qui opposent une résistance désespérée : le feu de leurs tirailleurs et de leurs mitrailleuses forcent Kirchbach à engager tout le V⁺ corps. Le général Raoult vient de tomber à la tête de ses troupes, qui disputent le terrain pied à pied ; enfin, à midi 1/2, les Allemands, soutenus par les Bavarois, enlèvent Woerth en feu pendant qu'une pluie de fer venue des batteries de Goersdorf force l'ennemi à se replier sur Froeschwiller et Elsashausen.

Pendant ce temps, à la droite des Français, le général Lartigue, appuyé par la division Conseil-Dumesnil, s'élance sur Günstett, s'en empare, mais est bientôt forcé de battre en retraite devant le général Gersdorf, qui vient d'arriver sur le champ de bataille et couvre la campagne, de Günstett à Eberbach, du feu formidable de son artil-

(1) Le général le plus disposé à prendre l'offensive de toute l'armée allemande.

lerie. La bataille est générale et l'aile droite de Mac-Mahon est pres-
que séparée du principal de l'armée.

Pour achever sa perte, les Wurtembergeois, commandés par le général Obernitz, cherchent à tourner les positions françaises par Morsbronn, Eberbach et Reischoffen, pendant que le Ve corps s'effor-
cera d'enfoncer le centre des troupes de Mac-Mahon sur Wœrth
et Frœschwiller. Enfin, conformément aux ordres du prince Royal,
le général Bose avec le XIe corps vient attaquer de face Morsbronn, s'empare de la ferme d'Albrechthausen, y installe son artillerie et marche vers Elsashausen et le Niederwald : Elsashausen et
Eberbach vont de la sorte être assaillis de front et de flanc.

Le général de Lartigue, qui a engagé jusqu'à son dernier homme,
commande alors aux 8e et 9e cuirassiers et au 3e lanciers de charger
sur Morsbronn malgré le feu des canons d'Albrechthausen, pour tâcher
de refouler les Allemands à droite de le chasser du Niederwald pendant que Mac-Mahon fait donner ses réserves Pellé et Conseil-
Dumesnil. Alors dans les bois ténébreux d'où part la fusillade ennemie
les zouaves s'élancent terribles et la baïonnette au canon. Ils passent
trombe humaine,

> Et dans la forêt pressée
> On vit la charge lancée
> Et les zouaves bondir...

Les cuirassiers se massent sur la route sans illusion comme sans
crainte. Le maréchal ordonne la charge.

— « C'est la mort, Monsieur le maréchal.

— Oui, c'est la mort, mais chargez ! »

Et Mac-Mahon embrasse le colonel des cuirassiers ; leurs escadrons,
— dont un beau monument éternise la mémoire, — s'ébranlent à travers
Eberbach, descendent la colline, traversent les houblonnières, la route
de Wœrth, les ravins et les cultures, disparaissent dans Morsbronn au
milieu de la poussière et de la fumée et chargent en désespérés les
32e et 81e régiments prussiens qui les attendent le pied ferme et les
reçoivent par des feux de salve. De ces régiments décimés quelques
pelotons seulement parviennent à Dürrembach, mais ils ont entraîné à
leur suite les officiers et les soldats, témoins frémissants de leur
sublime effort : c'est que ce grand acte rappelle aux uns dans une
sanglante réalité cette toile célèbre ou Raffet a reproduit la charge

fantastique des cuirassiers à Waterloo ; c'est que les autres, les vétérans de Crimée, se sont, à cette vue, souvenus de la cavalerie anglaise à Balaklava.

Aussi Morsbronn est-il à nouveau occupé par les Français, Albrecht-hausen repris, et, de l'avis même du général de Hancke, le Ve corps prussien est dans une position critique.

L'effort est pourtant inutile ; les Français reculent bientôt, foudroyés par les batteries installées à Günstett (dont Lartigue n'a pu s'emparer). Schachtmeyer, Gœrsdoff et Bose ont traversé le Niederwald, ils envahissent la vallée d'Eberbach et enlèvent avec les Wurtembergeois, à deux heures, les hauteurs d'Elsashausen.

Le Niederwald est perdu pour les Français, la droite coupée sans pouvoir être secourue par le gros de l'armée, qui voit les Prussiens rétrécir sans cesse le cercle qui l'entoure. Une dernière lutte s'engage dans le Niederwald, et les soldats de Wissembourg, turcos en tête, chargent l'ennemi.

La bataille est perdue et Frœschwiller menacé. Le maréchal tente pourtant un retour offensif contre les troupes qui montent de Wœrth : il risque sa cavalerie dans un suprême effort et essaye, sinon de rétablir ses communications avec son aile droite, du moins de permettre à ses troupes épuisées de regagner Frœschwiller. Les cuirassiers de Bonnemain se dévouent pour le salut de l'armée : ils s'élancent, mais moins heureux que ceux de Michel, ils n'arrivent même pas en vue de l'ennemi, qui vient de recevoir le renfort du général Starkoff avec ses Wurtembergeois. Hommes et chevaux tombent pêle-mêle sous le feu allemand : qu'importe ? ils ont gagné une demi-heure.

Pendant ce temps, les Français remontent péniblement sur Frœschwiller : à trois heures et demie ce village est emporté par le *Kronprinz*, qui a engagé toutes ses réserves et dirigé sur Frœschwiller le feu de vingt-deux batteries. Le général allemand Bose est blessé une seconde fois et le général français Colson y perd la vie en enlevant ses troupes dans un dernier élan. Comme Raoult, le général Colson avait fait brillamment les campagnes de Crimée et d'Italie et tous deux s'étaient formés à cette grande école de l'armée d'Afrique, d'où sont sortis tant d'habiles généraux et de vaillants soldats. Autour de leurs cadavres 16,000 hommes, mis hors de combat en huit heures, jonchent de leurs corps les champs de Frœschwiller et de Wœrth, où vient de se livrer la bataille la plus sanglante de toute la campagne après Gravelotte et Saint-Privat.

Tout était bien fini. On dit alors que le maréchal de Mac-Mahon, après avoir tenté l'impossible pour arrêter l'ennemi, comprenant enfin ce mot de *déroute,* que depuis cinquante ans on ne connaissait plus en France, voulut s'élancer seul au milieu des balles ennemies et mourir comme Douay à Wissembourg. Cette héroïque folie, il ne put l'accomplir ; les débris des turcos mitraillés par l'Allemand, les vieux combattants de Magenta, qui pleuraient la défaite de leur chef, se précipitèrent à la bride de son cheval et, lui faisant un rempart de leurs corps, lui crièrent dans un tutoiement sublime : « Non, non ! tu n'iras pas ; tu viendras avec nous ! »

Abandonnant alors sur ce champ de bataille, où il espérait rencontrer la victoire, 4,000 prisonniers, 30 canons, 6 mitrailleuses et 2 aigles, le maréchal précipite la retraite sur Reischoffen et Niederbronn, tandis que la droite des Français, coupée du corps principal, se retire dans le plus grand désordre sur Haguenau. A cinq heures, Reischoffen est pris par les Wurtembergeois, mais la division Guyot de Lespart (1) arrête la poursuite des Allemands aux abords de Niederbronn.

La nuit arrive : mes compagnons de route sont partis pour Soulz, qu s'estompe à droite dans le lointain, et je reprends seul le chemin de Frœschwiller, de Reischoffen, la route de France enfin.

Et malgré moi, la ballade étrange du poète *Zedlitz* revient à mon esprit pendant que mon oreille semble entendre les lointaines sonneries du clairon qui convoque les morts à la *Revue nocturne.*

(1) Mort à Sedan.

> « Und um die zwoelfte Stunde
> « Verlæst der Trompeter sein Grab
> « Und schmettert in die Trompette.
> « Und reitet auf und ab (1).»

C'est une vision macabre.

Je me hâte à travers l'ombre, mais des tombes blanches dans les prés verts, des croix sinistres sur les tertres, des grands mausolées comme des petits, on dirait que s'échappe la voix des guerriers morts lançant un dernier appel à celui qui retourne vers la Patrie.

Et elle crie : « Vous reviendrez, n'est-ce pas ? nous rendre la terre française. Quelque jour le vallon retentira du bruit des tambours, le sol tremblera sous les canons, et nous, sentinelles glacées des troupes impériales, nous sentirons sur nos os blanchis courir au pas de charge l'avalanche humaine d'une nouvelle grande armée venant venger enfin la défaite de Varus ! »

(1) Et à minuit le clairon abandonne sa funèbre couche et il sonne de la trompette en chevauchant de ci de là.

2203. — Paris, imprimerie de l'Union Générale de la Librairie, Charles Bayle et Cie , 11 et 10, rue de l'Abbaye.

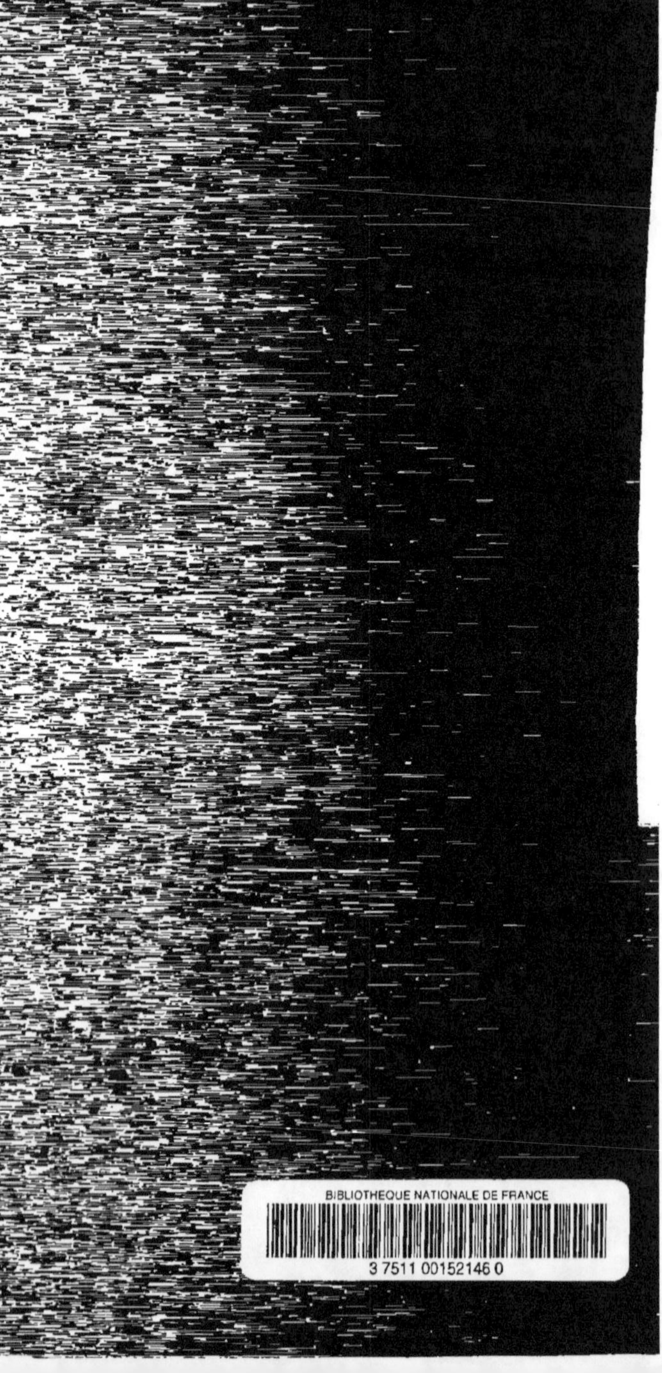